किरण

BPSC

बिहार लोक सेवा आयोग

श्रम एवं समाज कल्याण

Labour & Social Welfare

B.P.S.C (MAIN) Exam
Unsolved Question Papers
1993-2020

(Bilingual)

Up-To-Date

AF518846

KIRAN INSTITUTE OF CAREER EXCELLENCE (KICX), DELHI

RU-67, Pitampura, Delhi-110034, Ph. : 9821874015, 9821643815

www.kicx.in

Delhi : RU-67,
Opposite Power House,
Pitampura, Delhi-110034,
Ph. : 9821874015,
9821643815
www.kiranprakashan.com

LOCATE NEAREST BOOKSELLERS

For the books & Magazines of Kiran Prakashan contact your nearest booksellers.
For detailed information log on our website :
www.kiranprakashan.com

© KIRAN INSTITUTE OF CAREER EXCELLENCE PVT. LTD. (KICX)

NEW EDITION

The copyright of this book is entirely with the Kiran Institute of Career Excellence Pvt. Ltd. The reproduction of this book or a part of this will be punishable under the Copyright Act. All disputes subject to Delhi jurisdiction.

Every possible effort has been made to ensure that the information contained in this book is accurate at the time of going to press, and the publishers and authors cannot accept responsibility for any errors or omissions, however caused. No responsibility for loss or damage occasioned to any person acting, or refraining from action, as a result of the material in this publication can be accepted by the editor, the publisher or any of the authors.

Compiled by : Think Tank of PRATIYOGITA KIRAN, KIRAN PRAKASHAN & KICX
Assistance : • **Sanket Sah** • **Achal Gupta**
Design & Layout by : KICX COMPUTER SECTION, New Delhi.
Printed at :

Contents

65th C.C. B.P.S.C. Main Exam - 2020

श्रम एवं समाज कल्याण / Labour & Social Welfare

Time Allowed: Three Hours] **[Maximum Marks: 300**

*Answers **six** questions in all, selecting **three** from each Section.*

खण्ड A
SECTION A

1. Discuss the role of the Constitution of India and International Labour Organization in the development of various labour legilations in India.

   भारत में विभिन्न श्रम विधानों की प्रगति में भारतीय संविधान और अंतर्राष्ट्रीय श्रम संगठन की भूमिका का वर्णन करें।

2 (a) What do you mean by International Labour Standards? How is it determined?

   अंतर्राष्ट्रीय श्रम मानकों से आप क्या समझते हैं? इसका निर्णय कैसे होता है?

   (b) Explain the structure and functions of ILO briefly.

   आइ. एल. ओ. के गठन और कार्यकलाप को संक्षेप में समझाएँ।

3. (a) Explain the provisions relating to working hours, health and welfare of the workers under the Factories Act, 1948.

   कारखाना अधिनियम, 1948 के अनुसार श्रमिकों के लिए कार्य समय, स्वास्थ्य और कल्याण से संबंधित क्या-क्या प्रावधान हैं? स्पष्ट करें।

   (b) What are the provisions related to employment of women and children under the Beedi and Cigar Workers (Conditions of Employment) Act, 1966?

   बीड़ी तथा सिगार कर्मकार (नियोजन की शर्तों) अधिनियम, 1966 के अनुसार महिलाओं और बच्चों के नियोजन से संबंधित क्या-क्या प्रावधान हैं?

4. What are the benefits extended to the workers under the ESI Act, 1948? Mention recent changes happened to the Act.

   कर्मचारी राज्य बीमा अधिनियम, 1948 के अनुसार कर्मचारियों को क्या-क्या फायदे मिलते हैं? इस अधिनियम के ताजे बदलाव पर सूचना दें।

5. (a) Explain the objectives and salient features of the Minimum Wages Act, 1948. Give a brief narration of curent status of the Act in Biha.

न्यूनतम मजदूरी अधिनियम, 1948 के उद्देश्यों और मुख्य विशेषताओं को स्पष्ट करें। बिहार में इस अधिनियम की वर्तमान स्थिति के बारे में संक्षेप में लिखें।

(b) Do you think that the Equal Remuneration Act, 1976 is able to give justice to the women workers in all sectors in the State of Bihar?

क्या आप मानते हैं कि समान पारिश्रमिक अधिनियम, 1976 के अनुसार बिहार राज्य में महिला कर्मचारियों को सभी क्षेत्रों में पूर्ण न्याय मिलता हैं?

6. Writec short notes on the following:
निम्नलिखित पर संक्षिप्त टिप्पणियाँ लिखें:

(a) Principle of Labour Legislation

श्रम विधान का सिद्धान्त

(b) Proposed Labour Code

प्रस्ताविक श्रम संहिता

(c) Labour Administration Mechanisms in Bihar

बिहार में श्रम प्रशासन कार्यकारिता

खण्ड B
SECTION B

7. Discuss various industrial relations models highlighting the concept and scope of industrial relations.
औद्योगिक संबंधों की अवधारणा एवं विस्तार क्षेत्र पर विशेष बल देते हुए इसके विभिन्न प्रतिमानों का वर्णन करें।

8. Explain the major causes of industrial disputes. Discuss the mechanism included in the Industrial Disputes Act, 1947 for prevention and settlement of disputes.
औद्योगिक विवाद के प्रमुख कारणों पर चर्चा करें। औद्योगिक विवाद अधिनियम, 1947 में निहित किसी विवाद की रोकथाम और सुलझाने के विभिन्न तरीकों की चर्चा करें।

9. (a) Explain the objectives of trade union and the method to achieve them.

श्रम संगठन के सारे लक्ष्यों और उन्हें पूर्ण करने के तरीकों को स्पष्ट करें।

(b) "The Trade Unions Act, 1926 indirectly promotes political affiliation and outside leadership which result union rivalry and weaken the trade union movement in the country." Comment.

"श्रम संघ अधिनियम, 1926 परोक्ष रूप से राजनैतिक लगाव और बाहरी नेतृत्व को बढ़ावा देता है, जिसका परिणाम होता है संगठन द्वंद्व और ये श्रम संघ आंदोलन को देश में कमजोर करते हैं।" अपना मत दें।

10. (a) What are the social assistance measures taken by the Government of Bihar for oldage, unemployed, scheduled caste and tribe people?

बिहार प्रशासन द्वारा बूढ़े, बेरोजगार, अनुसूचित जाति और जनजाति के लोगों के लिए कौन-कौन सी कल्याणकारी योजना जारी की गई हैं?

(b) Write down the steps taken for irradication of poverty and prostitution in the State of Bihar.

बिहार राज्य में गरीबी और वेश्यावृत्ति हटाने के लिए क्या-क्या प्रबंध किए गए हैं?

11. Write short notes on any two of the following :
निम्नलिखित में से किन्हीं दो पर संक्षिप्त टिप्पणियाँ लिखें :

(a) Problems of children and welfare measures

बालकों की समस्या और काल्याणकारी उपाय

(b) Problems of women and welfare measures

महिलाओं की समस्या और कल्याणकारी उपाय

(c) Group insurance

समूह बीमा

12. (a) How far code of discipline and code of conduct could be able to maintain industrial harmony in the country?

अनुशासन संहिता एवं आचरण संहिता देश में औद्योगिक सुसम्पर्क रखने में कहाँ तक सक्षम हैं?

(b) Write the causes of failure of workers' participation in management in India.

भारत में श्रमिकों की प्रबंधन में सहभागिता की विफलता के कारण लिखें।

64th C.C. B.P.S.C. Main Exam - 2019

श्रम एवं समाज कल्याण / Labour & Social Welfare

Time Allowed: Three Hours] **[Maximum Marks: 300**

Answers ***six*** *questions in all, selecting* ***three*** *from each Section.*

खण्ड A
SECTION A

1. Discuss the major sources of labour legislations. Write down the special features of main labour legislations ensuring social security and well-being of the workers in the organised sector.

   श्रम विधानों के मुख्य स्त्रोतों का वर्णन कीजिये। संगठित क्षेत्र के श्रमिकों की सामाजिक सुरक्षा तथा खुशहाली सुनिश्चित करने वाले मुख्य श्रम विधानों के विशिष्ट लक्षणों का उल्लेख कीजिये।

2. "Workers' issues have received adequate attention in the constitution of ndia." Analyse the above statement in the light of main Articles in the Constitution.

   "भारत के संविधान में श्रमिकों के मुद्दों पर पर्याप्त ध्यान दिया गया है।" संविधान में वर्णित मुख्य अनुच्छेदों के प्रकाश में उक्त कथन का विश्लेषण कीजिये।

3. (a) Explain the provisions relating to the employment of women and children in the Factories Act, 1948

   कारखाना अधिनियम, 1948 में महिलाओं तथा बच्चों के रोजगार से संबंधित प्रावधानों को स्पष्ट कीजिये।

   (b) Explain the salient features of the Equal Remuneration Act, 1976.

   समान पारिश्रमिक अधिनियम, 1976 की मुख्य विशेषताओं को स्पष्ट कीजिये।

4. (a) Discuss the procedure of calculating gratuity under the Payment of Gratuity Act, 1972

   ग्रेच्युटी भुगतान अधिनियम 1972 के अंतर्गत ग्रेच्युटी निर्धारण (गणना) की प्रक्रिया का वर्णन कीजिये।

   (b) Critically analyse the statement that "the Childs Labour (Prohibition and Regulation) Act, 1986 should be either prohibitory or regularoty, it cannot be both."

   बाल श्रमिक 'निषेध एवं विनियमन) अधिनियम, 1986 को या तो निषेधात्मक या फिर विनियमात्मक होना चाहिए, यह अधिनियम दोनों प्रकार का नहीं हो सकता।" उक्त कथन की गंभीर आलोचना कीजिये।

5. (a) Write the definition of the terms shop, employer and establishment as given in the Bihar Shops and Establishments Act, 1953.

    बिहार दुकान एवं प्रतिष्ठान अधिनियम, 1953 में प्रदत्त दुकान, नियोक्ता तथा प्रतिष्ठान शब्दों का अर्थ लिखिये।

   (b) Explain Maternity and Medical Benefits under the Employees' State Insurance Act, 1948

    कर्मचारी राज्य बीमा अधिनियम, 1948 में वर्णित मातृत्व एवं चिकित्सकीय लाभों को स्पष्ट कीजिये।

6. (a) Describe the administrative structure and functions of Chief labour Commissioner Office in Bihar

    कार्यालय की प्रशासनिक संरचना तथा कार्यों का वर्णन कीजिये।

   (b) Discuss the oncept of 'Decent Work Agenda' of International labour Organisation.

    अंतर्राष्ट्रीय श्रम संगठन के डीसेंट वर्क एजेन्डा' की अवधारणा की चर्चा कीजिये।

खण्ड B
SECTION B

7. Describe the indicators and reflectors of industrial relations in an industrial organisation wth examples.
   एक औद्योगिक संगठन में औद्योगिक संबंधों के संकेतकों तथा प्रतिक्षेपकों का सोदाहरण वर्णन कीजिये।

8. "Trade Unionism in Bihar could neither bring the positive changes in the lives of workers nor it could create a harmonious working environment." In view of the above statement, explain the strengths and weaknessess of trade unions in Bihar.
   "बिहार में श्रम संघवाद न तो श्रमिकों की जिन्दगी में सकारात्मक परिवर्तन कर सका, न ही यह सामंजस्यपूर्ण काम का माहौल ही पैदा कर सकता है।" उपर्युक्त कथन के संदर्भ में, बिहार में श्रम संघों की शक्तियों तथा कमजोरियों का उल्लेख कीजिये।

9. (a) When an individual dispute becomes an industrial dispute?

    एक व्यक्तिगत विवाद कब एक औद्योगिक विवाद बन जाता है?

(b) Discuss the provisions of the Industrial Disputes Act, 1947 relating to declaration of strike and lockout.

हड़ताल तथा तालाबंदी से संबंधित औद्योगिक विवाद अधिनियम, 1947 में वर्णित प्रावधानों का वर्णन कीजिये।

10. Who is Poor? What are the causes of poverty in Bihar? Mention special programmes (any two) for eradicating rural poverty in India.
'गरीब' कौन है? बिहार में निर्धनता के क्या कारण हैं? भारत में ग्रामीण निर्धनता उन्मूलन के विशेष कार्यक्रमों (कोई दो) का उल्लेख कीजिये।

11. (a) Differentiate among child welfare, child development and child protection. Write about four categories of rights of children.

बाल कल्याण, बाल विकास तथा बाल संरक्षण में अंतर स्पष्ट कीजिये। बच्चों को प्रदत्त चार श्रेणियों में वर्णित अधिकारों की चर्चा कीजिये।

(b) Write a short note on the status of Old Age Pension Scheme in Bihar.

बिहार में वृद्धावस्था पेंशन योजना की स्थिति पर एक संक्षिप्त टिप्पणी लिखिये।

12. Write short notes on any three of the following :
निम्नलिखित में से किन्हीं तीन पर संक्षिप्त टिप्पणियां लिखिये:

(a) Unfair labour Practices

अनुचित श्रम प्रथाएं

(b) Law related to Beggary and its effectiveness

भिक्षावृत्ति से संबंधित कानून तथा उनकी प्रभावशीलता

(c) Group Insurance Schemes

सामूहिक बीमा योजनाएं

(d) Prohibition in Bihar

बिहार में नशाबंदी।

63rd C.C. B.P.S.C. Main Exam - 2019

श्रम एवं समाज कल्याण / Labour & Social Welfare

Time Allowed: Three Hours] **[Maximum Marks: 300**

*Answers **six** questions in all, selecting **three** from each Section.*

खण्ड A
SECTION A

1. Explain the principles of labour legislation and describe the provisions relating to labour in Indian Constitution.

   श्रम विधान के सिद्धांत स्पष्ट कीजिये एवं भारतीय संविधान में श्रम संबंधी उपबंधों का वर्णन कीजिये।

2. Define factory and describe safely and welfare provisions under the Factories Act, 1948.

   कारखाना की परिभाषा दीजिये एवं कारखाना अधिनियम, 1948 के अंतर्गत सुरक्षा तथा कल्याणकारी उपबंधों का वर्णन कीजिये।

3. Define shops and establishments and discuss the important provisions of the bihar Shops and Establishments Act 1953.

   दुकान एवं प्रतिष्ठान की परिभाषा दीजिये तथा बिहार दुकान एवं प्रतिष्ठान अधिनियम, 1953 के महत्वपूर्ण प्रावधानों पर चर्चा कीजिये।

4. Explain the following provisions under the Workmen's Compensation Act, 1923 :

   कर्मकार क्षतिपूर्ति अधिनियम, 1923 के अंतर्गत नीचे दिये हुए प्रावधानों का स्पष्टीकरण कीजिये :

   (a) Definition of Compensation

   क्षतिपूर्ति (नुकसान-भरपाई) की परिभाषा

   (b) Partial Disablement

   आंशिक असमर्थता

   (c) Total Disablement

   पूर्ण असमर्थता

   (d) Rules of Compensation

   नुकसान भरपाई के नियम

5. Critically review the Equal Remuneration Act, 1976 with special reference to Bihar State.

   बिहार राज्य का विशेष संदर्भ देकर समान पारिश्रमिक अधिनियम, 1976 के ऊपर आलोचनात्मक परीक्षण कीजिये।

6. Explain the role of International labour Organization in creation of international standards of labour with reference to influence on Indian labour Legislations.

   भारतीय श्रम विधान पर प्रभाव के संदर्भ में अंतर्राष्ट्रीय श्रम मानकों के सृजन में अंतर्राष्ट्रीय श्रम संगठन की भूमिका स्पष्ट कीजिये।

खण्ड A

SECTION A

7. Explain the concepts of Industrial Relations and discuss the role of Trade Unions in maintaining industrial relations in Bihar State with an example.

   औद्योगिक संबंध की अवधारणा स्पष्ट कीजिये एवं बिहार राज्य में औद्योगिक संबंध प्रस्थापित करने के लिए श्रम संगठनों की भूमिका पर उदाहरण देकर चर्चा कीजिये।

8. Discuss the role of labour Court, Industrial Court and National Tribunals under the Industrial Disputes Act, 1947.

   औद्योगिक विवाद अधिनियम, 1947 के अंतर्गत श्रम न्यायालय, औद्योगिक न्यायालय एवं राष्ट्रीय श्रम न्यायालय की भूमिका पर चर्चा कीजिये।

9. Write a detailed note on History and kinds of Trade Unions in India.

   भारतीय श्रमसंघ के श्रम एवं सामाजिक कल्याण एवं प्रकार पर सविस्तार टिप्पणी लिखिये।

10. Define unemployment and explain its causes. Suggest the measures for removing unemployment in Bihar State.

    बेरोजगारी की परिभाषा दीजिये एवं उनके कारण स्पष्ट कीजिये। बिहार राज्य की बेरोजगारी को दूर करने के उपाय सुझाइए।

11. Discuss the problems of women and describe the programmes of women welfare in India.

    महिला समस्या पर चर्चा कीजिये एवं भारत में महिला कल्याणकारी कार्यक्रमों का र्वान कीजिये।

12. Discuss the nature, scope and causes of prostitution in Bihar State.

    बिहार राज्य में वेश्यावृत्ति की प्रकृति, व्याप्ति एवं कारणों पर चर्चा कीजिये।

60-62nd C.C. B.P.S.C. Main Exam - 2018

श्रम एवं समाज कल्याण / Labour & Social Welfare

Time Allowed: Three Hours] **[Maximum Marks: 300**

*Answers **six** questions in all, selecting **three** from each Section.*

खण्ड A
SECTION A

1. Discuss the principles and kinds of labour legislations with special reference to laws related to industrial relations, social security and wages.
   औद्योगिक संबंधों, सामाजिक सुरक्षा तथा मजदूरी के विशेष संदर्भ में श्रम विधान के सिद्धांतों एवं प्रकारों पर चर्चा कीजिये।
2. Explain the brief history of labour legislations in India and discuss the provisions relating to labour in Indian Constitution.
   भारतीय श्रम विधान की ऐतिहासिक पृष्ठभूमि को संक्षिप्त रूप से स्पष्ट कीजिये तथा भारतीय संविधान में समावेशित श्रम से संबंधित प्रावधानों पर चर्चा कीजिये।
3. Define factory and describe health and welfare facilities under the Factories Act, 1948.
   कारखाना की परिभाषा दीजिये एवं कारखाना अधिनियम, 1948 के अंतर्गत आरोग्य तथा कल्याणकारी सुविधाओं का वर्णन कीजिये।
4. Define compensation and discuss the important provisions of the Workmen's compensation Act, 1923.
   क्षतिपूर्ति (नुकसान भरपाई) की परिभाषा दीजिये तथा कर्मकार क्षतिपूर्ति अधिनियम, 1923 के महत्वपूर्ण प्रावधानों पर चर्चा कीजिये।
5. Explain the following provisions under the ESI Act, 1948 :
   कर्मचारी राज्य बीमा अधिनियम, 1948 के अंतर्गत नीचे दिये हुए प्रावधानों का स्पष्टीकरण कीजिये।
   (a) Definition of employee
   कर्मचारी की परिभाषा
   (b) Benefits of employee
   कर्मचारी के फायदे
   (c) Contribution and contribution period
   अंशदान तथा अंशदान समय

6. Discuss the composition and activities of International Labour Organization and its influence on Indian labour legislation.
अंतर्राष्ट्रीय श्रम संगठन के गठन तथा क्रियाकलापों पर चर्चा कीजिये एवं इस संगठन का भारतीय श्रम विधान पर पड़े प्रभावों की चर्चा कीजिये।

खण्ड B
SECTION B

7. Define industrial relations and write a critical note on the role of Trade Unions inmaintaining industrual relations in India and Bihar State.
औद्योगिक संबंध की परिभाषा दीजिये एवं भारत तथा बिहार राज्य में औद्योगिक संबंध स्थापित करने के लिए श्रम संगठनों की भूमिका पर आलोचनात्मक टिप्पणी कीजिये।
8. Define industrial dispute and explain different settlement machineries under the Industrial Disputes Act, 1947.
औद्योगिक विवाद की परिभाषा दीजिये एवं औद्योगिक विवाद अधिनियम 1947 के अंतर्गत विवाद सुलझाने के विभिन्न तरीके स्पष्ट कीजिये।
9. Write a detailed note on the Central Trade Unions in India with special reference to All India Trade Union Congress and Hindu mazdoor Sabha.
ऑल इंडिया ट्रेड यूनियन कांग्रेस एवं हिंदू मजदूर सभा के विशेष संदर्भ में भारतीय केंद्रीय श्रम संगठनों पर सविस्तार टिप्पणी कीजिये।
10. Discuss the causes of unemployment in India and explain the measures for removing unemployment in India and Bihar.
भारत में बेरोजगारी के कारणों पर चर्चा कीजिये तथा भारत एवं बिहार की बेरोजगारी दूर करने के उपाय स्पष्ट कीजिये।
11. Write a brief note on social welfare and social security and discuss the causes of poverty in India and Bihar.
सामाजिक कल्याण एवं सामाजिक सुरक्षा पर एक संक्षिप्त टिप्पणी कीजिये तथा भारत एवं बिहार में निर्धनता के कारणों पर चर्चा कीजिये।
12. Discuss the problems of backward communities in India and suggest the welfare measures for the scheduled caste and scheduled tribes.
भारतीय पिछड़ा समाज के समस्याओं पर चर्चा कीजिये तथा अनुसूचित जाति एवं अनुसूचित जनजाति के कल्याण के लिए उपाय सुझाइए।

56-59th C.C. B.P.S.C. Main Exam - 2016

श्रम एवं समाज कल्याण / Labour & Social Welfare - I

Time Allowed: Three Hours] **[Maximum Marks: 200**

*Answer any **five** questions.*

1. What is meant by labour legislation and what are its basic principles?
   श्रम विधान से क्या तात्पर्य है तथा इसके मूलभूत सिद्धांत क्या है?
2. Throw light on the provision relating to labour incorporated in the Constitution of India.
   भारतीय संविधान में सन्निहित श्रम से संबंधित प्रावधानों पर प्रकाश डालिये।
3. Define Factory and discuss the provision relating to welfare under the Factories Act, 1948.
   कारखाना अधिनियम, 1948 के अंतर्गत कारखाना की परिभाषा दीजिये तथा कल्याण से सबंधित प्रावधानों का वर्णन कीजिये।
4. In the light of the Payment of Wages Act, 1936-
   (a) Define wages
   (b) fix the responsibility for the payment of wages
   (c) prepare the list of deduction that can be made from the wages.
   मजदूरी भुगतान अधिनियम, 1936 के आलोक में-
   (a) मजदूरी की परिभाषा दीजिये।
   (b) मजदूरी भुगतान का उत्तरदायित्व किसका है, निर्धारित कीजिये।
   (c) मजदूरी से की जा सकने वाली कटौतियों की सूची तैयार कीजिये।
5. Write the object and main provision of the Equal Remuneration Act, 1976.
   समान पारितोषिक अधिनियम, 1976 के उद्देश्य एवं मुख्य प्रावधानों को लिखिए।
6. Describe the provisions relating to the "prohibition of employment of children in certain occupations and processes" and "penalities" given under the Child Labour (Prohibition and Regulation) Act, 1986.
   बाल श्रम (निषेध एवं विनियमन) अधिनियम, 1986 के अंतर्गत 'कुछ पेशों एवं प्रक्रियाओं में बच्चों के सेवायोजन पर प्रतिबंध' तथा 'दंड' से संबंधित प्रावधानों का वर्णन कीजिये।

7. Write the main provisions of the bihar Shops and Establishment Act, 1966.
बिहार दुकान एवं प्रतिष्ठान अधिनियम, 1966 के मुख्य प्रावधानों को लिखिये।

8. What is the structure of International labour Organization? How has the Imternational labour Organization (ILO) influenced the Indian Labour Legislation? Support your answer with appropriate examples.
अंतर्राष्ट्रीय श्रम संगठन की क्या संरचना है? भारतीय श्रम विधान को अंतर्राष्ट्रीय श्रम संगठन ILO ने किस प्रकार प्रभावित किया है? उपयुक्त उदाहरणों से अपने उत्तर की पुष्टि कीजिये।

9. What is the meaning of gratuity? How is it calculated? Under what conditions it can be forfeited?
उपदान का क्या अर्थ है? इसकी गणना कैसे की जाती है? किन स्थितियों में इसे जब्त (देने से मना) किया जा सकता है?

10. Write short notes on the following :
निम्नलिखित पर संक्षिप्त टिप्पणियां लिखिये।
   (a) National child labour school
   राष्ट्रीय बाल श्रम विद्यालय
   (b) Right to payment of maternity benefit
   प्रसूति हितलाभ के भुगतान का अधिकार
   (c) Fixed of minimum rate of wages in Bihar
   बिहार में मजदूरी की न्यूनतम दर का निर्धारण

56-59th C.C. B.P.S.C. Main Exam - 2016

श्रम एवं समाज कल्याण / Labour & Social Welfare - II

Time Allowed: Three Hours] **[Maximum Marks: 200**

*Answer any **five** questions.*

1. Explain the concept and various aspects of industrial relations. Discuss the importance of industrial in the present scenario.
   औद्योगिक संबंधों की अवधारणा एवं विभिन्न पहलुओं की व्याख्या कीजिये। वर्तमान परिवेश में औद्योगिक संबंधों की महत्ता की विवेचना कीजिये।

2. Define industrial dispute and explain the procedure and machinery for the prevention and settlement of industrial disputes in India.
   औद्योगिक विवाद को परिभाषित कीजिये तथा भारत में औद्योगिक विवादों की रोकथाम एवं निपटारे हेतु प्रक्रिया एवं मशीनरी की व्याख्या कीजिये।

3. Discuss the concept and objective of workers participation in management. Critically examine the present practice of worker's participation in management followed by the industries in India.
   प्रबंध में श्रमिकों की सहभागिता की अवधारणा एवं उद्देश्यों की विवेचना कीजिये। भारतीय उद्योगों के प्रबंध में श्रमिकों की सहभागिता की प्रचलित प्रथा की आलोचनात्मक समीक्षा कीजिये।

4. highlight the main provisions of the Trade Unions Act, 1926.
   श्रम संघ अधिनियम, 1926 के मुख्य प्रावधानों पर प्रकाश डालिये।

5. Write doen the cause of strikes and explain the legislative provisions dealing with legal and illega strikes.
   हड़ताल के कारणों को लिखिए तथा वैधानिक एवं अवैधानिक हड़ताल से संबंधित विभिन्न कानूनी प्रावधानों की व्याख्या कीजिये।

6. Define social security and critically examine various social security programmes run by the Government of bihar.
   सामाजिक सुरक्षा को परिभाषित कीजिये तथा बिहार राज्य सरकार द्वारा चलाए जा रहे विभिन्न सामाजिक सुरक्षा कार्यक्रमों की आलोचनात्मक समीक्षा कीजिये।

7. Define poverty. Discuss various poverty eradication programmes meant for rural poor in your State.
   गरीबी की परिभाषा दीजिये। आपके राज्य में ग्रामीण गरीबों के लिए चलाए जा रहे विभिन्न गरीबी उन्मूलन कार्यक्रमों की विवेचना कीजिये।

8. Discuss the causes and consequences of alcoholism. Examine the relevance of alcohol prohibition policy of the Government of Bihar in pesent context.
मद्यपान के कारणों एवं प्रभावों की विवेचना कीजिये। वर्तमान में बिहार सरकार की मद्यपान निषेध नीति की सार्थकता की समीक्षा कीजिये।
9. Write a detailed note on the social status of women in Bihar State.
बिहार में महिलाओं की सामाजिक स्थिति पर एक विस्तृत टिप्पणी लिखिये।
10. What do you mean by Scheduled Castes? Discuss various welfare programmes meant for the upliftment of Scheduled Castes in India.
अनुसूचित जातियों से आपका क्या अभिप्राय है? भारत में अनुसूचित जातियों के उत्थान के लिए चलाए जा रहे विभिन्न कल्याणकारी कार्यक्रमों की विवेचना कीजिये।

53-55th C.C. B.P.S.C. Main Exam - 2012

श्रम एवं समाज कल्याण / Labour & Social Welfare - I

Time Allowed: Three Hours] **[Maximum Marks: 200**

*Answer any **five** questions.*

1. Write a detailed note on the history of labour legislation in India.
भारत में श्रम विधानों के इतिहास पर एक विस्तृत नोट लिखें।

2. Make a list of the social security legislations in India. Explain briefly the main provisions of the Payment of Gratuity Act, 1972.
भारत में सामाजिक सुरक्षा कानूनों की सूची तैयार करें। उपदान संदाय अधिनियम, 1972 के मुख्य प्रावधानों की संक्षिप्त व्याख्या करें।

3. Explain the safety provisions as given in Chapter IV of the Factories Act, 1948.
कारखाना अधिनियम, 1948 के अध्याय IV में दिए गए सुरक्षा संबंधी प्रावधानों की व्याख्या करें।

4. Explain the following as per the Workmen's Compensation Act 1976 :
कर्मकार क्षतिपूर्ति अधिनियम, 1976 के अंतर्गत निम्नलिखित की व्याख्या करें :
   (a) Disablement
   विकलांगता
   (b) Accident arising out of employment
   रोजगार (काम) से बाहर हुई दुर्घटना
   (c) Accident arising in the course of employment
   रोजगार (काम) के दौरान हुई दुर्घटना

5. Explain the following in detail
निम्नलिखित की विस्तृत व्याख्या करें :
   (a) Constitution of ESI ACT, 1948
   कर्मचारी राज्य बीमा निगम का संविधान
   (b) Benefits under the ESI Act, 1948
   कर्मचारी राज्य बीमा अधिनियम, 1948 के अंतर्गत लाभ

6. Write the main provisions of the Maternity Benefit Act, 1961.
प्रसूति हितलाभ अधिनियम, 1961 के मुख्य प्रावधानों के बारे में लिखिये।

7. Write the important provisions of the Beedi and Cigar Workmen (Condition of Employment) Act, 1966.

   बीड़ी तथा सिगार कर्मकार (नियोजन की शर्तें) अधिनियम, 1966 के मुख्य प्रावधानों के बारे में लिखें।

8. Write about the organization and objectives of International Labour Organization (ILO).

   अंतर्राष्ट्रीय श्रम संगठन के प्रबंध एवं उद्देश्यों के बारे में लिखें।

9. Write a detailed note on Labour Administration in Bihar.

   बिहार में श्रम प्रशासन पर एक विस्तृत नोट लिखें।

10. Write short notes on the following

    निम्नलिखित पर संक्षिप्त टिप्पणियां लिखिये :

    (a) Difference between Factory and Industry

    कारखाना और उद्योग में अंतर

    (b) Definition of manufacturing process as per the Factories Act, 1948

    उत्पादन प्रक्रिया की परिभाषा, कारखाना अधिनियम, 1948 के तहत

    (c) The formula for calculating the amount of compensation in case of death under the Workmen's Compensation Act, 1923

    कर्मकार क्षतिपूर्ति अधिनियम, 1923 के तहत् मौत की क्षतिपूर्ति की रकम का हिसाब लगाने का फॉर्मूला

53-55th C.C. B.P.S.C. Main Exam - 2012

श्रम एवं समाज कल्याण / Labour & Social Welfare - II

Time Allowed: Three Hours] **[Maximum Marks: 200**

*Answer any **five** questions.*

1. Define Industrial Relations and discuss its objectives and importance. Suggest ways to improve Industrial Relations in an organization.
   औद्योगिक संबंधों की परिभाषा दें तथा इसके उद्देश्यों और महत्ता की चर्चा करें। एक संगठन में औद्योगिक संबंधों को सुधारने के लिए सुझाव दें।
2. Define Collective Bargaining and explain the pre-requisites for reaching an effective agreement between management and workers.
   सामूहिक सौदेबाजी की परिभाषा दें तथा प्रबन्धकों व मजदूरों में एक सार्थक समझौते हेतु गूर्वाकांक्षाओं की विवेचना करें।
3. Critically evaluate the statement that "Trade unionism is becoming obsolete in postglobalization era."
   "वैश्वीकरण के पश्चात् के दौर में श्रम संघ निरर्थक हो रहे हैं।" उक्त कथन का आलोचनात्मक विश्लेषण करें।
4. Define Trade Union. Discuss the main provisions of the Trade Unions Act, 1926.
   श्रम संघ की परिभाषा दे। श्रम संघ अधिनियम, 1926 के मुख्य प्रावधानों की विवेचना कीजिये।
5. Explain the concept of Social Security. What are the various methods of providing social security to workers? Critically discuss the present position of social security for Indian working class.
   सामाजिक सुरक्षा की अवधारणा की व्याख्या करें। श्रमिकों को सामाजिक सुरक्षा प्रदान करने की कौन कौन सी विभिन्न विधियां है? भरतीय श्रमिक वर्ग के लिए सामाजिक सुरक्षा की वर्तमान स्थिति पर आलोचनात्मक टिप्पणी करें।
6. Define poverty and explain the factors that lead to poverty in a society. Critically evaluate the Government programmes to eradicate poverty in India.
   गरीबी की परिभाषा दें और उन कारकों का वर्णन करें जो समाज में गरीबी के लिए उत्तरदायी है। भारत में गरीबी उन्मूलन के सरकारी कार्यक्रमों की आलोचनात्मक समीक्षा करें।

7. Write a detailed note on nature, causes and situation of beggary in Bihar. Suggest remedies for its solution.

   बिहार में भिक्षावृत्ति की प्रकृति, कारणों तथा प्रस्थिति पर एक विस्तृत टिप्पणी लिखें। इसके समाधान के लिए सुझाव दें।

8. Discuss the nature and causes of the problem of prostitution in Indian society. Why despite the economic development it is still increasing?

   भारतीय समाज में वेश्यावृत्ति की समस्या की प्रकृति तथा कारणों की चर्चा करें। आर्थिक विकास के होते हुए भी यह समस्या क्यों बढ़ रही है? स्पष्ट करें।

9. Examine the causes and consequences of growing unemployment in India. Critically discuss the measure to overcome the problem of unemployment. Give suggestions to improve it.

   भारत में बढ़ती बेरोजगारी के कारणों और प्रभावों की समीक्षा करें। बेरोजगारी की समस्या से निपटने के लिए उठाये गये कदमों की आलोचनात्मक व्याख्या करें। इसके सुधार के लिए सुझाव दें।

10. Define the concept of child welfare and discuss the welfare programmes for children at Centre and State levels.

    बाल कल्याण की अवधारणा की परिभाषा दें तथा केंद्र व राज्य स्तरों पर बाल कल्याण कार्यक्रमों की विवेचना करें।

48-52nd C.C. B.P.S.C. Main Exam - 2009

श्रम एवं समाज कल्याण / Labour & Social Welfare - I

Time Allowed: Three Hours] **[Maximum Marks: 200**

*Answer any **five** questions.*

1. Define Labour Legislation and describe the kinds of Indian labour Legislation.
   श्रम कानून की व्याख्या दीजिये और भारतीय श्रम कानून के प्रकारों का वर्णन कीजिये।
2. Examine the provisions relating to Labour as laid down in the Indian Constitution.
   भारतीय संविधान में श्रम संबंधी उपबंधों का परीक्षण कीजिये।
3. Define the term 'Factory' and 'power' and explain the welfare provisions laid down in the Factories Act, 1948.
   कारखाना और शक्ति इन शब्दों की व्याख्या दें और कारखाना अधिनियम 1948 में प्रस्तुत किए गए कल्याण उपबंधों का विवरण करें।
4. Examine the relevance of the provision of the Minimum Wages Act, 1948 in the era of globalisation.
   न्यूनतम मजदूरी अधिनियम में दिए गए उपबंधों का जागतीकीकरण के युग में सूक्तता का परीक्षण कीजिये।
5. Explain the following terms under the Payment of Gratuity Act, 1972 :
   उपदान संदाय अधिनियम 1972 अंतर्गत निम्नलिखित शब्दों का वर्णन कीजिये।
   (a) Objectives of Gratuity
   उपदान का ध्येय
   (b) Amount of Gratuity
   उपदान की रकम
   (c) Claim of Gratuity
   उपदान के लिए दावा
   (d) Eligibility for gratuiry
   उपदान के लिए योग्यता।

6. Throw Light on the salient features of the Child Labour (Prohibition and Regulation) Act, 1986

   बाल श्रम निषेध एवं विनियमन अधिनियम, 1986 के प्रमुख विशेषताओं पर प्रकाश डालिए।

7. Discuss the important provisions of Bihar Shops and Establishments Act, 1955.

   बिहार दुकान एवं प्रतिष्ठान अधिनियम, 1953 में प्रस्तुत किए गए महत्वपूर्ण उपबंधों पर चर्चा कीजिये।

8. Examine the role of International labour Organisation in the development of Labour Legislation in India.

   भारत में श्रम कानून के विकास में अंतर्राट्रीय श्रम संगठन की भूमिका का परीक्षण कीजिये।

9. Describe the structure and functions of the Department of Labour in Bihar

   बिहार में श्रम विभाग का ढांचा और कार्य का वर्णन कीजिये।

10. Write short notes on any two of the following :

    किन्हीं दो पर लघु टिप्पणी लिखिये :

    (a) Equal Remuneration

        समान पारिश्रमिक

    (b) Important provisions of E.S.I. Act, 1948

        कर्मचारी राज्य बीमा अधिनियम, 1948 का महत्वपूर्ण उपबंध

    (c) Different benefits under the Maternity Benefits Act 1961

        प्रसूति हितलाभ अधिनियम, 1961 अंतर्गत विभिन्न हितलाभ

    (d) Deductions and fines under the Payment of Wages Act, 1936

        मजदूरी भुगतान अधिनियम, 1936 अंतर्गत 'घटाना' और 'जुर्माना'

48-52nd C.C. B.P.S.C. Main Exam - 2009

श्रम एवं समाज कल्याण / Labour & Social Welfare - II

Time Allowed: Three Hours] **[Maximum Marks: 200**

*Answer any **five** questions.*

1. Define Industrial relations and state the objectives and scope of Industrial relations.
   औद्योगिक संबंध की परिभाषा कीजिये तथा औद्योगिक संबंध के उद्देश्य और क्षेत्र का वर्णन कीजिये।
2. Define Industrial dispute and explain the various settlement machinaries under Industrial Disputes Act, 1947.
   औद्योगिक विवाद की परिभाषा कीजिये तथा औद्योगिक विवाद अधिनियम, 1947 अंतर्गत विवाद सुलझाने के विविध तरीके स्पष्ट कीजिये।
3. Describe the important phases of Labour Movement in India and discuss the types of Central Trade Unions.
   भारतीय श्रमिक आंदोलन की महत्वपूर्ण अवस्थाओं का वर्णन कीजिये तथा केंद्रीय श्रमिक संघ के प्रकार स्पष्ट कीजिये।
4. Explain the meaning objectives and importance of 'workers participation in Management.'
   श्रमिकों की प्रबंध में सहभागिता का अर्थ महत्व व उद्देश्य का विवरण प्रस्तुत कीजिये।
5. State the various misconducts under the Industrial Employment (Standing Order) Act, 1946.
   औद्योगिक रोजगार अधिनियम (स्थायी आदेश) 1946 अंतर्गत विविध अनुचित (misconducts) तरतुदी स्पष्ट कीजिये।
6. Define Social Security and examine the major social security programmes of the Government of India.
   सामाजिक सुरक्षा की परिभाषा कीजिये तथा भारत सरकार के प्रमुख सुरक्षा कार्यक्रमों की समीक्षा कीजिये।
7. Describe the nature of unemployment and critically review the employment programmes- with special reference to employment guarantee scheme.
   बेरोजगारी प्रकृति का (nature) वर्णन कीजिये तथा रोजगार गारंटी योजना का संदर्भ देकर रोजगार कार्यक्रमों पर टीकात्मक परीक्षण कीजिये।

8. Describe welfare programmes for women at the Centre and State levels.

   केंद्र तथा राज्य शासन के महिला कल्याण कार्यक्रमों का वर्णन कीजिये।

9. Write a detailed note on problems of children in India with special reference to child labour.

   भारतीय बच्चों की समस्या, बाल श्रमिकों का संदर्भ देकर सविस्तार टिप्पणी कीजिये।

10. Write a detailed note on Indian social problems with special reference to prostitution and beggary.

    भारतीय सामाजिक समस्याओं पर, यौन कार्य तथा भिक्षावृत्ति का संदर्भ देकर सविस्तार टिप्पणी कीजिये।

47th C.C. B.P.S.C. Main Exam - 2007

श्रम एवं समाज कल्याण / Labour & Social Welfare - I

Time Allowed: Three Hours] **[Maximum Marks: 200**

Answer any ***five*** *questions.*

1. Briefly describe the main principles of labour legislation.
श्रम कानून के प्रमुख सिद्धांतों का वर्णन कीजिये।

2. Trace the historical development of labour legislations in India with special reference to the provisions of constitution of India.
भारतीय संविधान के प्रावधानों के विशिष्ट संदर्भ में भारत में श्रम कानून के ऐतिहासिक विकास का रेखांकन कीजिये।

3. Describe the provisions relating to health and welfare under the factories Act, 1948
कारखाना अधिनियम, 1948 के अधीन स्वास्थ्य एवं कल्याण से संबंधित प्रावधानों की विवेचना कीजिये।

4. Child Labour in India could not be prohibited and regulated despite the existence of the Child Labour (prohibition and Regulation) Act, 1986 because of the lack of strong and sincere political will Elucidate.
भारत में बालश्रम (निषेध एवं विनियमन) अधिनियम, 1986 के वर्तमान होने के बावजूद दृढ़ एवं सच्ची राजनीतिक इच्छाशक्ति की कमी के कारण बाल श्रम को समाप्त नहीं किया जा सका। विवेचना कीजिये।

5. Describe the mode of payment of wages and the permissible deductions from the wages under the payment of wages Act, 1936.
मजदूरी भुगतान अधिनियम, 1936 के अधीन मजदूरी के भुगतान की पद्धतियों तथा मजदूरी से की जाने वाली अनुमन्य कटौतियों का वर्णन कीजिये।

6. Briefly discuss the various benefits available to the employees under the employees State Insurance Act, 1948.
कर्मचारी राज्य बीमा अधिनियम, 1948 के अधीन कर्मचारियों को मिलने वाले विभिन्न हितलाभ का संक्षेप में विवेचना कीजिये।

7. Give the brief introduction of maternity Benefit Act 1961. To which establishments, it is applied? Whether it can be applied to those establishments which come under the coverage of the Employees State Insurance Act, 1948? Is there any exception of it also?

प्रसूति हितलाभ अधिनियम, 1961 का संक्षिप्त परिचय दीजिये। यह किन-किन संस्थानों पर लागू होता है? क्या यह उन संस्थानों पर भी लागू होगा जो कर्मचारी राज्य बीमा अधिनियम, 1948 की परिधि में आते हैं? क्या इसका अपवाद भी है?

8. Who is 'Workman'? What protection has been made available to workmen under the Workmen's Compensation Act, 1923?
'कर्मकार' कौन है? कर्मकार क्षतिपूर्ति अधिनियम, 1923 के अधीन कर्मकारों को क्या संरक्षण प्रदान किया गया है?

9. Throe light on the salient features of labour administration in Bihar. What improvement would you suggest in order to strengthen the labour administrative machinery in the state?
बिहार में श्रम प्रशासन की प्रमुख विशेषताओं पर प्रकाश डालिए। राज्य में श्रम प्रशासकीय व्यवस्था को सुदृढ़ बनाने हेतु आप क्या सुझाव प्रस्तुत करेंगे?

10. Write short notes on any two of the following :
किन्हीं दो पर लघु टिप्पणी लिखिये :

(a) भारत में श्रम कानून के विकास में अंतर्राष्ट्रीय श्रम संगठन की भूमिका

(b) न्यनूतम मजदूरी अधिनियम, 1948 के अंतर्गत न्यूनतम मजदूरी की अवधारणा

(c) भारत में श्रम कानून के प्रकार

(d) बिहार में श्रम न्यायालय।

47th C.C. B.P.S.C. Main Exam - 2007

श्रम एवं समाज कल्याण / Labour & Social Welfare - II

Time Allowed: Three Hours] **[Maximum Marks: 200**

*Answer any **five** questions.*

1. What do your mean by strike? What are the latest legal provisions with regard to strike?
हड़ताल से आपका क्या अर्थ है? हड़ताल के संबंध में आधुनिकतम विधिक प्रावधान क्या है?

2. Discuss the major objectives of worker's Participation in Management and describe the causes responsible for failure in achieving them.
श्रमिकों की प्रबन्ध में सहभागिता के उद्देश्यों का विवरण प्रस्तुत कीजिये तथा इनकी प्राप्ति की असफलता के कारणों का वर्णन कीजिये।

3. What kinds of new trends are visible in the trade union movement in India after the intiation of structural adjustment programme?
सरंचनात्मक समायोजन कार्यक्रम के शुभारंभ के पश्चात् भारत में श्रमिक संघ आंदोलन में कौन सी नवीन प्रवृत्तियाँ दिखाई पड़ी हैं?

4. Define collective bargaining and discuss its significance in the present industrial scenario in India.
सामूहिक सौदेबाजी की परिभाषा कीजिये तथा भारत के वर्तमान औद्योगिक परिदृश्य में इसके महत्व का वर्णन कीजिये।

5. How is political affiliation of trade unions injurious to their unity in India.
श्रमिक संघों के राजनीतिक संबंध भारत में उनकी एकता के लिए किस प्रकार खतरनाक है।

6. Discuss the strategies for tackling ever-growing seriousness of the problem of unemployment in India.
भारत में बेकारी की समस्या की सतत् बढ़ती हुई गंभीरता की रणनीतियों का वर्णन कीजिये।

7. Describe the problems of children of families below poverty line.
निर्धनता की रेखा के नीचे के परिवारों के बच्चों की समस्याओं का वर्णन कीजिये।

8. Suggest measures for empowerment of rural women in the present Patriarchal society in India.

   वर्तमान पितृसत्तात्मक समाज में ग्रामीण महिलाओं के सशक्तिकरण के उपाय सुझाइए।

9. Why has the magnitude of commercial sex work in India become more serious? Can its legalisation better the lot of commercial sex workers?

   भारत में व्यापारिक यौन कार्य की गंभीरता में वृद्धि क्यों हुई हैं? क्या इसकी विधिक मान्यता व्यापारिक यौन श्रमिकों की स्थिति में सुधार ला सकता है?

10. Examine the major social security programmes of the Government of Bihar.

    बिहार सरकार के प्रमुख सामाजिक सुरक्षा कार्यक्रमों की समीक्षा कीजिये।

46th C.C. B.P.S.C. Main Exam - 2005

श्रम एवं समाज कल्याण / Labour & Social Welfare - I

Time Allowed: Three Hours] **[Maximum Marks: 200**

*Answer any **five** questions.*

1. What are the different objectives of labour legislations in India? Discuss in detail about the factors which gave impetus to the development of labour laws in our country?
   भारत में श्रम कानूनों के क्या-क्या उद्देश्य हैं? हमारे देश में श्रम कानूनों के विकास को प्रोत्साहित करने वाले विभिन्न कारकों की विस्तार से विवेचना करें।
2. Write an essay on the provisions relating to labour in the Indian Constitution.
   भारतीय संविधान के श्रम संबंधित प्रावधानों पर एक निबंध लिखिये।
3. Define the terms-factory, Adult, Adolescent, Worker and Manufacturing process as per the Factories Act, 1948. Also state the provisions regarding working hours, holidays and annual leaves will wages.
   कारखाना अधिनियम, 1948 के अनुसार कारखाना, वयस्क, किशोर, श्रमिक एवं उत्पादन प्रक्रिया को परिभाषित कीजिये। कार्य-घंटे, अवकाश एवं वेतन सहित वार्षिक छुट्टियों से संबंधित प्रावधानों को भी स्पष्ट कीजिये।
4. Write about the main provisions of the Payment of Wages Act, 1936.
   मजदूरी भुगतान अधिनियम, 1936 के मुख्य प्रावधानों के बारे में लिखिये।
5. Write short notes on any two of the following :
   किन्हीं दो पर लघु टिप्पणी लिखिये :
   (a) Employees State Insurance Corporation
   कर्मचारी राज्य बीमा निगम
   (b) Provisions of Child Labour (Prohibition and Regulation) Act, 1986
   बाल श्रम (प्रतिषेध एवं विनिमय) अधिनियम, 1986 के प्रावधान
   (c) Labour Administration in Bihar
   बिहार में श्रम प्रशासन

6. What is the strructure of the International Labour Organization? What are the functions of International Labour Conference? What is the ratification procedure of ILO Standards?

   अंतर्राष्ट्रीय श्रम संगठन की संरचना कैसी है? अंतर्राष्ट्रीय श्रम सम्मेलन के कौन-कौन से कार्य हैं? अंतर्राष्ट्रीय श्रम मानकों की अनुसमर्थन प्रक्रिया के बारे में लिखिये।

7. Write on the main provisions of the Beedi & Cigar Workmen (Conditions of Employment) Act, 1966.

   बीड़ी एवं सिगार कर्मकार (नियोजन की शर्तें) अधिनियम, 1966 के मुख्य प्रावधानों के बारे मे लिखिये।

8. What do you mean by Disablement? Explain in detail about the rules regarding the distribution of compensation under the Workmen's Compensation Act, 1923.

   विकलांगता से आप क्या समझते हैं? कर्मकार क्षतिपूर्ति अधिनियम, 1923 के अंतर्गत क्षतिपूर्ति के बंटवारे से संबंधित नियमों की विस्तार से व्याख्या कीजिये।

46th C.C. B.P.S.C. Main Exam - 2005

श्रम एवं समाज कल्याण / Labour & Social Welfare - II

Time Allowed: Three Hours] **[Maximum Marks: 200**

*Answer any **five** questions.*

1. Describe the concept and main aspects of Industrial relations.
औद्योगिक संबंधों की अवधारणा तथा इसके प्रमुख पहलुओं की व्याख्या करें।

2. Discuss the major provisions of Industrial Disputes Act, 1947.
औद्योगिक विवाद अधिनियम, 1947 के प्रमुख प्रावधानों की व्याख्या करें।

3. Describe the objectives and failure of workers participation in management in India.
प्रबन्ध में श्रमिकों की सहभागिता के उद्देश्यों एवं भारत में इसकी विफलता की व्याख्या करें।

4. Discuss the history and objectives of Trade Unions in India.
भारत में श्रम संघ के इतिहास एवं इनके उद्देश्यों की व्याख्या करें।

5. Highlight the provisions of code of discipline and code of conduct.
अनुशासन संहिता एवं आचार संहिता की व्यवस्थाओं पर प्रकाश डालें।

6. Discuss the meaning and methods of social security.
सामाजिक सुरक्षा के अर्थ एवं तरीकों की व्याख्या करें।

7. Define unemployment and describe the special employment programmes introduced by the Govt.
बेरोजगारी को परिभाषित करें तथा सरकार द्वारा संचालित रोजगार संबंधी विशेष कार्यक्रमों की व्याख्या करें।

8. Discuss the problems and welfare programmes of children.
बच्चों की समस्याओं एवं कल्याण सेवाओं की व्याख्या करें।

9. Describe the problems of drinking alcohol and prohibition measures in Bihar.
बिहार में मद्यपान की समस्या एवं निषेध उपायों की चर्चा करें।

10. Discuss the bad effects of prostitution and the measures for its removal.
वेश्यावृत्ति के कुप्रभाव एवं इसको दूर करने के उपायों की व्याख्या करें।

45th C.C. B.P.S.C. Main Exam - 2002

श्रम एवं समाज कल्याण / Labour & Social Welfare - I

Time Allowed: Three Hours] **[Maximum Marks: 200**

*Answer any **five** questions.*

1. Describe different principle of Labour Legislation and provide a brief history of Labour Legislations in India.
   श्रम विधान के विभिन्न सिद्धांतों का वर्णन कीजिये तथा भारतीय श्रम विधानों के इतिहास का संक्षिप्त विवरण दीजिये।
2. Imagine what would have been the situation today, if we did not have the legislations meant for Industrial workers. Put your thoughts on it.
   आज हमारी स्थिति क्या होती, यदि हमारे औद्योगिक श्रमिकों के लिए कोई विधान नहीं होता। इस पर आप अपना विचार प्रकट करें।
3. Describe main provisions of safety and Welfare of Factories Act, 1948.
   कारखाना अधिनियम, 1948 के प्रमुख निरापत्ता और कल्याण मूलक प्रावधानों की व्याख्या करें।
4. What is Minimum wage? Distinguish it from Living wage and fair wage. How is minimum wage fixed and revised? Explain.
   न्यूनतम मजदूरी क्या है? न्यूनतम मजदूरी निर्वाह मजदूरी और उचित मजदूरी से कैसे भिन्न है? न्यूनतम मजदूरी कैसे निश्चित एवं संशोधित किया जाता है? लिखें?
5. What are the functions and powers of the Commissioner under the Workmen's Compensation Act? When an appeal can be preferred against his orders in the High Court? Discuss.
   श्रमिक क्षतिपूर्ति अधिनियम के अंतर्गत कमिश्नर के मुख कार्य तथा अधिकार क्या है? उनके आदेश के विरुद्ध उच्च न्यायालय में कब अपील की जा सकती है? तर्क सहित समझाइए।
6. Critically evaluate the provisions of Child Labour (Prohibition & Regulation) Act, 1986.
   बाल श्रमिक (निषेध एवं नियंत्रण) अधिनियम, 1986 के अंतर्गत व्यवस्थाओं के आलोचनात्मक स्वरूप प्रस्तुत करें।

7. Define 'wages' under the Payment of Wages Act. What are the authorised deductions under the Act?
मजदूरी अदायगी अधिनियम के अंतर्गत मजदूरी की परिभाषा लिखिए। अधिनियम के अंतर्गत प्राधिकृत कटौती क्या है?

8. What are the aims and purposes of International Labour Organisation? Explain its composition and different activities.
अंतर्राष्ट्रीय श्रम संगठन के लक्ष्य एवं उद्देश्य स्पष्ट कीजिये। इसके गठन और विभिन्न कार्यकलापों के संबंध में जानकारी दीजिये।

9. Write short notes on any two of the following :
निम्नलिखित में से किन्हीं दो पर संक्षिप्त टिप्पणीयां लिखिए:

(a) Kinds of Labour Legislation in India
भारतीय श्रम विधान के प्रकार

(b) Impact of I.L.O on Labour in India
भारतीय श्रमिकों पर अंतर्राष्ट्रीय श्रम संगठन का प्रभाव

(c) Benefits under E.S.I. Act, 1948
कर्मचारी राज्य बीमा अधिनियम, 1948 के अंतर्गत हितलाभ

(d) Provisions of Meternity Benefits Act, 1961
प्रसूति हितलाभ अधिनियम, 1961 के प्रमुख प्रावधान।

45th C.C. B.P.S.C. Main Exam - 2002

श्रम एवं समाज कल्याण / Labour & Social Welfare - II

Time Allowed: Three Hours] **[Maximum Marks: 200**

*Answer any **five** questions.*

1. Define the term Industrial Relations and highlight its scope.
   औद्योगिक संबंधों को परिभाषित करते हुए इसके कार्यक्षेत्र पर प्रकाश डालिये।
2. What do you mean by Industrial Disputes? Discuss the methods of its prevention with examples.
   औद्योगिक विवाद से आप क्या समझते हैं? इसके रोकथाम के विभिन्न विधियों का सोदाहरण व्याख्या करें।
3. Describe the major institutions and present position of workers participation in Management in Indian Industries.
   भारतीय उद्योगों के प्रबंध में श्रमिकों की सहभागिता के प्रमुख संस्थाओं एवं इसकी वर्तमान स्थिति की व्याख्या कीजिये।
4. Discuss the major provisions of Trade Union Act, 1926.
   श्रम संघ अधिनियम, 1926 के प्रमुख प्रावधानों की व्याख्या करें।
5. Discuss the meaning and scope of social security.
   सामाजिक सुरक्षा के अर्थ एवं इसके विषय क्षेत्र की व्याख्या करें।
6. Highlight the extent of poverty in India and discuss the current rural poverty eradication programme in India.
   भारत में बढ़ती हुई गरीबी की मात्रा पर प्रकाश डालिए और वर्तमान ग्रामीण गरीबी निवारण कार्यक्रम की विवेचना कीजिये।
7. Discuss the kinds of unemployment and measures for removing the problem of unemployment in our country.
   बेरोजगारी की प्रकार और भारत में बढ़ती हुई बेरोजगारी की समस्या को समाप्त करने के उपायों की व्याख्या करें।
8. Discuss the problems and welfare programmes for women.
   महिलाओं की समस्याओं का उल्लेख करते हुये कल्याण कार्यक्रमों की व्याख्या करें।
9. Highlight the problems and welfare programmes for Scheduled Castes.
   अनुसूचित जातियों की समस्याओं एवं कल्याण कार्यक्रमों की व्याख्या करें।
10. Discuss the present position of Beggary in Bihar.
    बिहार में भिक्षावृत्ति की वर्तमान स्थिति पर प्रकाश डालें।

44th C.C. B.P.S.C. Main Exam - 2002

श्रम एवं समाज कल्याण / Labour & Social Welfare - I

Time Allowed: Three Hours] **[Maximum Marks: 200**

*Answer any **five** questions.*

1. Describe the Indian Constitutional provisions in brief relating to welfare of workers.
   भारत में श्रमिकों के कल्याणार्थ, भारतीय संविधान में उपलब्ध व्यवस्थाओं पर संक्षिप्त प्रकाश डालें।
2. Describe the main provisions of Factories Act, 1948.
   कारखाना अधिनियम, 1948 के प्रमुख प्रावधानों की व्याख्या करें।
3. Describe the salient features of Equal Remuneration Act, 1976.
   समान मजदूरी अधिनियम, 1976 की प्रमुख विशेषताओं की व्याख्या करें।
4. Give critical evaluation of the provisions of Employees States Insurance Act, 1948.
   कर्मचारी राज्य बीमा अधिनियम 1948 के प्रावधानों का आलोचनात्मक स्वरूप प्रस्तुत करें।
5. Describe up-to-date provisions of Maternity Benefit Act, 1961.
   प्रसूति हितलाभ अधिनियम, 1961 के अद्यतन संशोधित व्यवस्थाओं/उपबंधों की व्याख्या करें।
6. Describe critical evaluation of Payment of Fratuity Act, 1972.
   उपादान संदाय अधिनियम 1972 में व्याप्त व्यवस्थाओं का आलोचनात्मक मुल्यांकन प्रस्तुत करें।
7. Discuss the main provisions of Beedi and Cigar Workmen conditions of Empoyment Act, 1966.
   बीड़ी तथा सिगार कर्मकार नियोजन की शर्तें अधिनियम, 1966 के अंतर्गत वर्णित प्रमुख प्रावधानों की व्याख्या करें।
8. Give critical evaluation of Bihar shops and Establishments Act, 1953 in support of your answer relating to present practices of the Act in Bihar.
   बिहार दुकान एवं प्रतिष्ठान अधिनियम 1953 का आलोचनात्मक मूल्यांकन बिहार राज्य में इसके वर्तमान कार्यान्वयन के साथ करें।

9. Describe the critical evaluation of labour administration and its role in Bihar.

   बिहार में श्रम प्रशासन एवं इसके कार्यों का आलोचनात्मक मूल्यांकन प्रस्तुत करें।

10. Write short notes on any two of the following :

    निम्नलिखित में से किन्हीं दो पर संक्षिप्त टिप्पणियां लिखिए:

    (a) Composition of Internal Labour Organisation

    अंतर्राष्ट्रीय श्रम संगठन का गठन

    (b) Kinds of Labour Legislation in India

    भारतीय श्रम कानून के प्रकार

    (c) Principles of Labour Legislation

    श्रम कानून के सिद्धांत

    (d) Brief History of labour in India

    भारतीय श्रम कानून का संक्षिप्त इतिहास

44th C.C. B.P.S.C. Main Exam - 2002

श्रम एवं समाज कल्याण / Labour & Social Welfare - II

Time Allowed: Three Hours] **[Maximum Marks: 200**

*Answer any **five** questions.*

1. Examine the impact of New Economic Policy on Industrial Relations in India.
   नवीन आर्थिक नीति के भारत में औद्योगिक संबंधों पर प्रभाव की समीक्षा कीजिये।

2. Describe the machinery for settlement of industrial disputes in India.
   भारत में औद्योगिक विवादों के निपटारे की व्यवस्था का वर्णन कीजिये।

3. Highlight the causes responsible for slow progress of participative management in India.
   भारत में सहभागी प्रबन्धन की धीमी प्रगति के लिए उत्तरदायी कारणों पर प्रकाश डालिए।

4. Clarify the changed role and functions that ought to be performed by trade unions in the wake of Structural Adjustment Programme in India.
   भारत में संरचनात्मक समायोजन कार्यक्रम की पृष्ठभूमि में श्रमिक संघों द्वारा प्रतिपादित किए जाने योग्य भूमिकाओं एवं प्रकार्यों को स्पष्ट कीजिये।

5. Discuss the significance of collective bargaining in promoting cordial industrial relations in the present scenario that obtains in India.
   भारत के वर्तमान परिवेश में सौहार्द्रपूर्ण औद्योगिक संबंधों के प्रोत्साहन में सामूहिक सौदेबाजी के महत्त्व का वर्णन कीजिये।

6. "Social security provides protection against contingencies to ensure a desirable standard of living." Elucidate.
   "सामाजिक सुरक्षा वांछनीय जीवन स्तर सुनिश्चित करने हेतु संरक्षण प्रदान करती है।" विवेचना कीजिये।

7. Examine the role of the Swarna Jayanti Swarozgar Yojna in promoting employment in India.
   भारत में सेवायोजन को प्रोत्साहित करने में स्वर्णजयन्ती स्वरोजगार योजना की भूमिका की समीक्षा कीजिये।

8. Explain the reasons behind failure of antipoverty programmes in eradicating poverty in India.

   भारत में गरीबी उन्मूलन कार्यक्रमों की निर्धनता को दूर करने में असफलता के कारणों को स्पष्ट कीजिये।

9. Describe the rights of children as provided under the U.N. Convention on Rights of Child and show the extent to which they have been achieved in India.

   संयुक्त राष्ट्र बाल अधिकार अभिसमय के अधीन प्रदत्त बच्चों के अधिकारों का वर्णन कीजिये तथा प्रदर्शित कीजिये कि भारत में उन्हें किस सीमा तक प्राप्त किया गया है?

10. Discuss the reasons behind a sharp rise in clandestine prostitution in India.

    भारत में गुप्त वेश्यावृत्ति में वृद्धि के कारणों का वर्णन कीजिये।

43rd C.C. B.P.S.C. Main Exam - 2001

श्रम एवं समाज कल्याण / Labour & Social Welfare - I

Time Allowed: Three Hours] **[Maximum Marks: 200**

*Answer any **five** questions.*

1. Discuss the principles of labour legislation and point out the kinds of labour legislation we have so far in our country.
   श्रम कानून के सिद्धांतों की व्याख्या करते हुए भारत में अब तक पारित श्रम कानून के प्रकारों का उल्लेख करें।
2. Describe in brief, historical development of labour legislation in India.
   भारत में श्रम कानून के ऐतिहासिक विकास की संक्षिप्त व्याख्या करें।
3. Highlight the role and significance of Indian constitutional provisions relating to labour welfare.
   भारतीय संविधान में कल्याणार्थ संबंधित व्यवस्थाओं की भूमिका एवं महत्ता पर प्रकाश डालें।
4. Describe the main provisions relating to welfare and employment of women workers in Factories Act, 1948.
   कारखाना अधिनियम, 1948 में वर्णित महिला श्रमिक के कल्याण एवं सेवायोजन संबंधी प्रमुख प्रावधानों का वर्णन कीजिये।
5. Discuss the main provisions of Minimum Wages Act, 1948 in support of your answere relating to present practices of the Act in Bihar.
   न्यूनतम मजदूरी अधिनियम, 1948 के अंतर्गत वर्णित प्रमुख प्रावधानों की व्याख्या बिहार राज्य में इसके वर्तमान कार्यान्वयन के साथ करें।
6. Give a article evaluation of Patment of Wages Act 1936
   मजदूरी भुगतान अधिनियम, 1936 का आलोचनात्मक मूल्यांकन प्रस्तुत करें।
7. Describe the salient features of Workmen Compensation Act, 1923. How is it different from Employees. State Insurance Act, 1948?
   कर्मचारी क्षतिपूर्ति अधिनियम, 1923 की प्रमुख विशेषताओं की व्याख्या करें। यह कानून कर्मचचारी राज्य बीमा अधिनियम, 1948 से किस प्रकार भिन्न हैं?
8. Provide a bried critical evaluation of Child Labour (Prohibition and Regulation) Act, 1986.
   बालश्रम प्रतिरोध एवं विनिमय अधिनियम, 1986 पर एक संक्षिप्त आलोचनात्मक मूल्यांकन प्रस्तुत करें।

9. Critically evaluate the role of International Labour Organization in Indian Labour legislation. Support your answer with the supportive role I.L.O. in promoting the international standards of labour.
भारतीय श्रम कानेन में अंतर्राष्ट्रीय श्रम संगठन की भूमिका का आलोचनात्मक मूल्याकंन प्रस्तुत करें। उत्तर की पुष्टि आई.एल.ओ. की भूमिका के अंतर्राष्ट्रीय स्तर को बनाये रखने से करें।

10. Write short notes on any two of the following :
निम्नलिखित में से किन्हीं दो पर संक्षिप्त टिप्पणियां लिखिए:
   (a) Labour Administration in Bihar
   बिहार में श्रम प्रशासन
   (b) Composition of International Labour Organisation
   अंतर्राष्ट्रीय श्रम संगठन का गठन
   (c) Kinds of labour legislation in India
   भारतीय श्रम कानून के प्रकार
   (d) Maternity Benefit Act, 1961
   प्रसूति हितलाभ अधिनियम, 1961

43rd C.C. B.P.S.C. Main Exam - 2001

श्रम एवं समाज कल्याण / Labour & Social Welfare - II

Time Allowed: Three Hours] **[Maximum Marks: 200**

*Answer any **five** questions.*

1. Explain the imporance of positive Industrial Relations to industrial peace and prosperity.

   औद्योगिक संबंधों की महत्ता को समझाइये।

2. Can Collective argaining be used as an effective method in avoiding and setting industrial disputes in India? Are there any difficulties in its application in existing industrial situation? Explain.

   क्या सामूहिक सौदाकारी को प्रभावी तरीकों से औद्योगिक विवादों को टालने तथा निपटाने हेतु प्रयोग किया जा सकता है? क्या वर्तमान औद्योगिक परिस्थितियों में इसके प्रयोग में कोई जटिलताएं हैं? समझाइए।

3. Write your views on the worker's participation in India, its present sattus and possible contributions in the modern management objectives.

   आधुनिक प्रबंध के उद्देश्यों में कर्मचारी सहभागिता का क्या स्थान है तथा क्या योगदान हो सकता है, अपने विचार व्यक्त कीजिये।

4. How can trade unions become more effective in developing better work environment and better returns for their workers? What changes in their attitudes are necessary in this respect?

   किस प्रकार श्रम-संघ कार्य-वातावरण को तथा श्रमिकों के हितों को अधिक उच्चतर बनाने में सफल हो सकते हैं? इसके लिये अपने विचार पद्धति में कैसे परिवर्तन लाने की आवश्यकता है?

5. What is Code of Discipline/Code of Conduct? How effective are they in practice?

   अनुशासन संहिता/आचार संहिता क्या है? ये कितने प्रभावी हैं?

6. For the progress of society, social security plays a vital role. Explain.

   समाज की उन्नति के लिये, सामाजिक सुरक्षा एक महत्वपूर्ण भूमिका निभाती है। समझाइये।

7. Comment on the special employment programmes in India and suggest improvements.

   भारत के विशेष नियोजन कार्यक्रमों की विवेचना कीजिये तथा सुधार हेतु सुझाव दीजिये।

8. In view of increasing atrocities against women in India. Suggest measures for effective women's welfare programmes.

   भारत में नारी पर बढ़ती हुई जनसंख्या को देखते हुए नारी कल्याण संबंधी सार्थक कार्यक्रमों का सुझाव दीजिये।

9. Are the present welfare programmes for the Scheduled Castes/ Tribes effective and adequate? Comment.

   क्या वर्तमान कल्याणकारी कार्यक्रम अनुसूचित जातियों/जनजातियों के लिये पर्याप्त तथा सार्थक हैं? विवेचना कीजिये।

10. Comment on any two of the Bihar Government's social security programmes. How can these be strengthened?

    बिहार सरकार के किन्हीं दो सामाजिक सुरक्षा कार्यक्रमों की विवेचना कीजिये। इनको और कैसे सुदृढ़ किया जा सकता है?

42nd C.C. B.P.S.C. Main Exam - 1999

श्रम एवं समाज कल्याण / Labour & Social Welfare - I

Time Allowed: Three Hours] **[Maximum Marks: 200**

*Answer any **five** questions.*

1. What are the provisions laid down in the Indian constitution regarding labour? Explain their rational and significance.
श्रम के संबंध में भारतीय संविधान में क्या प्रावधान हैं? उनका तर्काधार एवं महत्त्व वर्णित कीजिये।

2. Describe the main provisions relating to the Welfare and of employment of young persons in the factories Act, 1948.
कारखाना अधिनियम, 1948 के अंतर्गत वर्णित कल्याण एवं युवा व्यक्तियों के सेवायोजन संबंधी प्रावधानों का वर्णन कीजिये।

3. Define minimum wages and discuss the implementation of the Minimum Wages Act, 1948 in the State of Bihar.
न्यूनतम मजदूरी की परिभाषा दीजिये तथा बिहार राज्य में मजदूरी अधिनियम, 1948 के कार्यान्वयन का वर्णन कीजिये

4. What do you mean by wages and what are the deductions allowed from wages under the Payment of Wages Act, 1936?
मजदूरी से आप क्या समझते है तथा मजदूरी भुगतान अधिनियम, 1936 के अंतर्गत मजदूरी से क्या कटौतियां अनुमन्य है?

5. Explain the purposes of Maternity Benefit Act, 1961 and discuss its salient features.
प्रसूति हितलाभ अधिनियम, 1961 के उद्देश्यों की व्याख्या करें तथा इसकी प्रमुख विशेषताओं का वर्णन कीजिये।

6. What are the salient features of the child Labour (Prohibition and regulation) Act, 1986? What are the offences mentioned and penalities prescribed under this act?
बालश्रम प्रतिषेध एवं विनिमय अधिनियम, 1986 की प्रमुख विशेषताएं क्या हैं? इस अधिनियम के अंतर्गत कौन से अपराध वर्णित है तथा उनके लिये दंड की क्या व्यवस्था है?

7. Mention the main provisions of Beedi and Cigar Workmen (Conditions of Employment) Act, 1966.
बीड़ी एवं सिगार कार्मिक (सेवायोजन की शर्तें) अधिनियम, 1966 के प्रमुख प्रावधानों का उल्लेख कीजिये।

8. What is Gratuity? Explain the purpose and pplication of the payment of gratuity Act, 1972.
उपदान (ग्रेच्युटी) क्या है? उपदान (ग्रेच्युबे) भुगतान अधिनियम, 1972 के उद्देश्य तथा प्रयोग के बारे में समझाइये।

9. What are the benefits avaliable to employees under the Employee's State Insurance Act, 1948?
कर्मचारी राज्य बीमा अधिनियम, 1948 के अंतर्गत कर्मचारियों को क्या लाभ उपलब्ध हैं? वर्णन कीजिये।

10. Write short notes on any two of the following :
निम्नलिखित में से किन्हीं दो पर संक्षिप्त टिप्पणीयां लिखिए:
    (a) Principles of labour legislation
    श्रम विधान के सिद्धांत
    (b) Objectives of International Labour Organisation
    अंतर्राष्ट्रीय श्रम संगठन के उद्देश्य
    (c) Labour Administration in Bihar
    बिहार में श्रम प्रशासन
    (d) The purpose of the workmen's Compensation Act, 1923
    कर्मकार क्षतिपूर्ति अधिनियम, 1923 के उद्देश्य।

42nd C.C. B.P.S.C. Main Exam - 1999

श्रम एवं समाज कल्याण / Labour & Social Welfare - II

Time Allowed: Three Hours] **[Maximum Marks: 200**

*Answer any **five** questions.*

1. Discuss the existing scenario of Industral relations in India.
भारत में औद्योगिक संबंधों के वर्तमान परिदृश्य का वर्णन कीजिये।

2. What do you mean by industrial dispute? When does and individual dispute become an industrial dispute? What are the legal provisions relating to reference of industrial disputes for adjudication?
औद्योगिक विवाद से आपका क्या अर्थ है? एक व्यक्तिगत विवाद औद्योगिक विवाद कब बन जाता है? औद्योगिक विवादों के अधिनिर्णयन से संबंधित विभिन्न प्रावधान क्या है?

3. Discuss the merits and demerits of voluntary arbitration as a method of settlement of industrial disputes.
औद्योगिक विवादों के निपटारे के एक ढंग के रूप में एच्छिक विवाचन के गुण एवं दोष का वर्णन कीजिये।

4. Describe the legal provision relating to lay-off and retrenchment.
बैठकी एवं छंटनी से संबंधित विधिक प्रावधानों का वर्णन कीजिये।

5. "Trade Unions in India could not play their role effectively because of intra and inter-union rivalry, strong political affiliations and predominance of out side leadership." Elucidate.
"भारत में श्रमिक संघ अभ्यन्तर एवं अंतसंघीय प्रतिस्पर्धा, सुदृढ़ राजनीतिक संबंधों एवं बाह्य नेतृत्व के आधिपत्य के कारण अपनी भूमिकाओं की प्रभावपूर्ण रूप से प्रतिपादित नहीं कर सके।" विवेचना कीजिये।

6. Examine the social security programmes for workers in India.
भारत में श्रमिकों के सामाजिक सुरक्षा कार्यक्रमों की समीक्षा कीजिये।

7. Discuss the strategies for promotion of gender quality through women's empowerment in the male dominated Indian society.
पुरूष प्रधान भारतीय समाज में महिला सशक्तिकरण के माध्यम से स्त्री-पुरुष समानता को प्रोत्साहित करने की रणनीतियों का वर्णन कीजिये।

8. Highlight the seriousness of the problem of clandestine prostitution in India. Discuss its cases and suggest measures for it prevention and control.

   भारत में गुप्त वेश्यावृत्ति की समस्या की गंभीरता पर प्रकाश डालिए। इसके कारणों का वर्णन कीजिये तथा इसकी रोकथाम एवं नियंत्रण हेतु सुझाव दीजिये।

9. Discuss the reservation as an instrument of social justice for Scheduled castes and Scheduled Tribes in India.

   भारत में अनुसूचित जातियों एवं अनुसूचित जनजातियों के लिए सामान्य न्याय के एक उपकरण के रूप में आरक्षण का वर्णन कीजिये।

10. Write short notes on any two of the following :

    निम्नलिखित में से किन्हीं दो पर संक्षिप्त टिप्पणियां कीजिये:

    (a) Lock-out

    तालाबंदी

    (b) Code of Discipline

    अनुशासन संहिता

    (c) Poverty Line

    निर्धनता की रेखा।

41st C.C. B.P.S.C. Main Exam - 1997

श्रम एवं समाज कल्याण / Labour & Social Welfare - I

Time Allowed: Three Hours] **[Maximum Marks: 200**

*Answer any **five** questions.*

1. Examine the detail the various principles of labour legislation with special stress on Social Justice.
   श्रम विधान के सिद्धांतों का विस्तार से परीक्षण, विशेषकर सामाजिक न्याय पर जोर देते हुए कीजिये।
2. Trace the history of labour legislation in India from 1919 till indepedence.
   1919 से स्वतंत्रता प्राप्ति तक के श्रम विधान के इतिहास का अनुरेखण कीजिये।
3. Explain the latest provisions relating to Health and Secutity as laid sown under the Factories Act, 1948.
   कारखाना अधिनियम 1948 के अंतर्गत स्वास्थ्य तथा सुरक्षा संबंधित नवीनतम प्रावधानों की व्याख्या कीजिये।
4. Explain the purpose of the Workmen's Compensation Act 1923. Is it still applicable especially after the introduction of Employees State Insurance Act, 1948?
   कर्मकार क्षतिपूर्ति अधिनियम, 1923 के उद्देश्यों के बारे में समझाइये। क्या यह अब भी लागू है विशेषकर कर्मचारी राज्य बीमा अधिनियम, 1948 आने के बाद?
5. Explain the procedure for fixing minimum dates of wages. How soon the minimum wages need to be revised?
   न्यूनतम मजदूरी दरों के नियतन की प्रक्रिया समझाइये? जितनी अवधि में न्यूनतम मजदूरी दरों का पुनरीक्षण आवश्यक है?
6. Define Gratuity and Explain the purpose and application of the payment of Gratuity Act 1972. Can gratuity be forfeited?
   अपदान (ग्रेच्युटी) की परिभाषा दें तथा इसके उद्देश्य तथा ग्रेच्युटी भुगतान अधिनियम 1972 के लागू करने के बारे में समझाइये। क्या ग्रेच्युटी को जब्त किया जा सकता है?
7. When was international Labour Organisation established and with what objectives? What was its impact on Indian labour legislation? Explain.
   अंतर्राष्ट्रीय श्रम संगठन की स्थापना कब और किन उद्देश्यों को लेकर हुई थी? इसका भारतीय श्रम विधान पर क्या प्रभाव पड़ा? समझाइये।

8. Explain the salient features of the Equal Remuneration act, 1976. What are the offebces mentioned and penalties perscribed under the Act?

   समान पारिश्रमिक अधिनियम, 1976 के प्रमुख लक्षणों का विवरण दीजिये। इस अधिनियम के अंतर्गत कौन से अपराध वर्णित है एवं दंड की क्या व्यवस्था है?

9. Mention the special provisions at the Bihar Shops and establishment Act, 1953. What could be done to make them really effective?

   बिहार दुकान व संस्थापन अधिनियम, 1953 के विशेष प्रावधानों की चर्चा करें। इनको वासतव में प्रभावशाली बनाने हेतु क्या करना चाहिये?

10. Write short notes on any two of the following :

    निम्नलिखित में से किन्हीं दो पर संक्षिप्त टिप्पणियां लिखिये:

    (a) Prohibition on the employment of Women in certain occupations

    कुछ व्यवसायों पर महिलाओं के काम करने पर रोक

    (b) Metarnity benefits under the Employees State Insurance Act, 1948

    कर्मचारी राज्य बीमा अधिनियम, 1948 के अंतर्गत वसूली हित लाभ

    (c) Problem relating to Bidi workers health and working conditions

    बीड़ी कर्मचारियों की कार्यव्यवस्था संबंधी समस्याएं।

41st C.C. B.P.S.C. Main Exam - 1997

श्रम एवं समाज कल्याण / Labour & Social Welfare - II

Time Allowed: Three Hours] **[Maximum Marks: 200**

*Answer any **five** questions.*

1. Discuss the changing role of state Employer and Trade Unions in Industrial relations.
   औद्योगिक संबंधों में 'राज्य', 'नियोक्ता' एवं 'व्यवसाय' संघों की बदलती हुई भूमिकाओं की विवेचना कीजिये।
2. Workmen should be given the right to strike. Discuss.
   कामगारों की हड़ताल का अधिकार मिलना चाहिये। इस कथन की विवेचना कीजिये।
3. Give a comparative evaluation of merit and demerit of collective bargaining and adjudication as the methods of resolving disputes in Industries.
   उद्योगों के विवादों के सुलझाव हेतु प्रयुक्त 'सामूहिक सौदेबाजी' एवं 'अभिनिर्णयन' की विधियों के गुण दोषों का तुलनात्मक मूल्यांकन कीजिये।
4. Discuss the causes of the failure of schemes of participative management in India.
   भारत में सहभागी प्रबंधकीय योजनाओं की असफलता के कारणों की विवेचना कीजिये।
5. Give a critical description of the labour policy of our Government in relation to recohnition of Trade Unions.
   व्यवसाय संघों की मान्यता के संबंध में हमारी सरकार की श्रमनीति की आलोचनात्मक विवरण दीजिये।
6. Give a critical description of special employment programmes in India.
   भारत में विशेष रोजगार कार्यक्रमों का एक आलोचनात्मक विवरण दीजिये।
7. Give acritical description of special Government of Programmes for eradications rural poverty in India.
   भारत में ग्रामीण निर्धनता की समाप्ति हेतु सरकार द्वारा संचालित विशेष कार्यक्रमों का एक आलोचनात्मक मूल्याकंन कीजिये।

8. Discuss the main problems of women in our country. Also discuss the role of government in the area of women welfare.
हमारे देश में महिलाओं की प्रमुख समस्याओं की विवेचना कीजिये। महिला-कल्याण के क्षेत्र में सरकार की भूमिका की विवेचना कीजिये।

9. Give a critical description of the programmes of Bihar Government in relation to rehablitation of Bonded labour.
बंधुआ मजदूरों के पुनर्वास के संबंध में बिहार सरकार के कार्यक्रमों का आलोचनात्मक विवरण दीजिये।

10. Write short notes on any two of the following
निम्नलिखित में से किन्हीं दो पर संक्षिप्त टिप्पणियां लिखिये:
    (a) Closure
    औद्योगिक प्रतिष्ठानों की बंदी
    (b) Provisions relating to illegal strkes under I.D. Act, 1947
    औद्योगिक विवाद अधिनियम, 1947 के अंतर्गत अवैध हड़ताल के संबंध में किये गये उपबंध
    (c) Integrated child development
    समेकित बाल विकास।

40th C.C. B.P.S.C. Main Exam - 1995

श्रम एवं समाज कल्याण / Labour & Social Welfare - I

Time Allowed: Three Hours] **[Maximum Marks: 200**

*Answer any **five** questions.*

1. Trace the growth of labour legislation in India since independence. Discuss how far it has been influenced by judiciary.
स्वतंत्रता के पश्चात् भारत में श्रम विधानों पर प्रकाश डालिए। न्यायपालिका ने श्रम-विधानों को किस प्रकार प्रभावित किया है? व्याख्या कीजिये।

2. Illustrate Directive Principles of State Policy relating to labour enshrined in the Constitution of India.
भारत के संविधान में वर्णित राज्य के नीति निर्देशक तत्व, जोकि श्रम से संबंधित है, का उल्लेख कीजिये।

3. Discuss the provisions of Factories Act, 1948 relating to
कारखाना अधिनियम, 1948 में वर्णित
(a) Hour of work,
कार्य के घंटे,
(b) Employment of young persons and
किशोर व्यक्तियों का रोजगार तथा
(c) Welfare.
कल्याण से संबंधित प्रावधानों की व्याख्या कीजिये।

4. State the provisions of Employees State Insurance Act which modify the Workmen's Compensation Act in respect of compensation payable to a disabled workman. What benefits does the scheme comfer upon the insured employees?
कर्मचारी राज्य बीमा अधिनियम के प्रावधानों का उल्लेख कीजिये जो कर्मकार क्षतिपूर्ति अधिनियम के अपंग श्रमिक की क्षतिपूर्ति देय से संबंधित है। बीमा युक्त कर्मचारी की यह योजना क्या लाभ प्रदान करती हैं।

5. Examine the provisions of the Payment of Wages Act, 1936 regarding fine, deductions from wages and penalities for the offence.
मजदूरी भुगतान अधिनियम, 1936 में जुर्माना, वेतन से कटौती तथा अपराधों के दंड से संबंधी प्रावधानों की समीक्षा कीजिये।

6. Discuss the main provisions of following legislations:
निम्न विधानों के प्रावधानों की व्याख्या करें :
   (a) Equal Remuneration Act, 1976
   समान पारिश्रमिक अधिनियम, 1976
   (b) Beedi & Cigar Workmen (Condition of Employment) Act, 1966
   बीड़ी तथा सिगार कर्मकार (नियोजन की शर्ते) अधिनियम, 1966
7. Write a critical note on constitution and functioning of Internation Labour Organisation. Review the work of ILO in the field of labour Welfare and Worker's Education
अंतर्राष्ट्रीय श्रम संगठन की सरंचना तथा कार्यप्रणाली पर आलोचनात्मक टिप्पणी लिखिए। श्रम कल्याण तथा श्रमिक शिक्षा के क्षेत्र में किए गए आई. एल.ओ. के कार्यों का उल्लेख कीजिये।
8. "Minimum Wages Act, 1948 needs amendment to serve its purpose effectively." Comment on this statement pointing out areas need to be taken care of.
"न्यूनतम मजदूरी अधिनियम, 1948 में संशोधन की आवश्यकता है जिससे यह अपने उद्देश्यों को प्रभावपूर्ण ढंग से प्राप्त कर सकें।" इस कथन की समीक्षा करते हुए उन क्षेत्रों को भी इंगित कीजिये।
9. Suggest suitable measures to streamline the labour administration in Bihar in detail.
बिहार में श्रम प्रशासन को कारगर बनाने के लिये उचित उपायों को विस्तारपूर्वक बतलाइये।
10. Write Short notes on any two of the following :
निम्नलिखित में से किन्हीं दो पर संक्षिप्त टिप्पणियां लिखिये-
   (a) Payment of Gratuity Act 1972
   ग्रेच्युटी भुगतान अधिनियम, 1972
   (b) Implications of New Economic Policies on Workers Life
   ज्ञमिकों के जीवन पर नई आर्थिक नीतियों का प्रभाव
   (c) Child Labour in Bihar
   बिहार में बाल श्रमिक

40th C.C. B.P.S.C. Main Exam - 1995

श्रम एवं समाज कल्याण / Labour & Social Welfare - II

Time Allowed: Three Hours] **[Maximum Marks: 200**

*Answer any **five** questions.*

1. Discuss role of the state in Industrial relations with suitable example.
औद्योगिक संबंधों में राज्य की भूमिका की उचित उदाहरणों सहित व्याख्या कीजिये।

2. 'Collective Bargaining is the foundation stone of good industrial relations." Explain the statement with adequate examples.
"सामूहिक सौदेबाजी अच्छे औद्योगिक संबंधों की आधारशिला है।" उपर्युक्त कथन की पर्याप्त उदाहरण सहित व्याख्या कीजिये।

3. Discuss the Meaning Scope and Limitations of Workers Participation in Management, Refer to recent experiments in this ragard in our country.
प्रबंध में श्रमिकों की भागेदारी के अर्थ, क्षेत्र तथा सीमाओं की व्याख्या कीजिये। इन संदर्भ में अपने देश में किए गए नवीन प्रयोग का उल्लेख कीजिये।

4. What is an 'industrial dispute' and who is 'protected workman'? What bodies or authorities are constituted by the Industrial dispute Act for the prevention investigation and settlement of industrial disputes? Explain the detail.
'औद्योगिक विवाद' क्या है तथा 'संरक्षित श्रमिक' कौन है? औद्योगिक विवाद अधिनियम के अंतर्गत औद्योगिक विवादों की रोकथाम, जांच व निपटारे के लिये कौन-कौन सी संस्थाएँ तथा अधिकार प्रदत्त हैं? विस्तारपूर्वक वर्णन कीजिये।

5. Discuss the factors that have influenced the structure and leadership of Trade Unions in India. What measures do you suggest to solve the problems of inter union rivalry and industrial violence.
भारत में श्रम संघों की संरचना तथा नेतृत्व को प्रभावित करने वाले कारकों की व्याख्या कीजिये। अन्तर श्रमसंघ प्रतिद्वन्दिता तथा औद्योगिक हिंसा की समस्याओं को हल करने के लिए आप क्या उपाय प्रस्तावित करेंगे।

6. Explain approaches of the Social Security. Wht types of benefits does a comprehensive plan of Social security seck to confer on industrial workers? Discuss in detail.

सामाजिक सुरक्षा के उपागमों की व्याख्या कीजिये। सामाजिक सुरक्षा की क विस्तृत योजना में औद्योगिक श्रमिकों को किस प्रकार के लाभ प्रदान किए जा सकते हैं? विस्तारपूर्वक लिखिए।

7. Critically analyse with examples :
   उदाहरण सहित आलोचनात्मक विवेचना कीजिये :
   (a) Integrated Child development Services Scheme in the State of Bihar.
   बिहार राज्य में समेकित बाल विकास सेवाएं
   (b) Welfare and Development Schemes for Scheduled Tribes in the State of Bihar
   बिहार राज्य में अनुसूचित जनजातियों के लिए कल्याण एवं विकास की योजनायें
8. भारत में भिक्षावृत्ति के क्या कारण है? भिक्षावृत्ति की रोकथाम के उन्मूलन के प्रमुख कार्यक्रमों की व्याख्या कीजिये।
9. 'बिहार में प्राकृतिक संसाधनों की बहुलता है लेकिन यह उच्च बेरोजगारी सहित निर्धनता ग्रसित राज्यों में से एक है।' इस कथन के संदर्भ में निर्धनता तथा बेरोजगारी के कारणों की विवेचना कीजिये और इस समस्या के लिये उपक्रमों को सुझाइये।
10. संक्षिप्त टिप्पणी लिखिये :
    (a) बंधुआ श्रमिक व्यवस्था निर्मूलन संबंधी कानून
    (b) वेश्यावृत्ति तथा एड्स।

39th C.C. B.P.S.C. Main Exam - 1993

श्रम एवं समाज कल्याण / Labour & Social Welfare - I

Time Allowed: Three Hours] **[Maximum Marks: 200**

*Answer any **five** questions.*

1. Critically examine the basic principles of labour legislations.
   श्रम विधानों के आधारभूत सिद्धांतों की आलोचनात्मक समीक्षा कीजिये।
2. Briefly describe the history of labour legislation in India.
   भारत में श्रम-विधान के इतिहास की संक्षिप्त व्याख्या कीजिये।
3. Discuss the main provisions of Factories Act, 1948.
   कारखाना अधिनियम, 1948 के मुख्य उपबंधों की विवेचना कीजिये।
4. Briefly discuss the main provisions of workmen's compensation Act, 1923. How far this legislation is helpful to the Industrial workers?
   कर्मकार क्षतिपूर्ति अधिनियम, 1923 के मुख्य उपबंधों की संक्षिप्त विवेचना कीजिये। यह अधिनियम, कारखाना श्रमिकों के लिए कहाँ तक सहायक है?
5. Critically examine the wirking of Minimum Wages Act, 1948 in Bihar.
   बिहार में न्यूनतम मजदूरी अधिनियम, 1948 के कार्यान्वयन की आलोचनात्मक समीक्षा कीजिये।
6. Evaluate the main Provisions of Bihar Shops and Establishment Act, 1953.
   बिहार दुकान एवं प्रतिष्ठान अधिनियम, 1953 के प्रमुख उपबंधों का मूल्याकंन कीजिये।
7. Evaluate the contributions of child labour (Prohibition and Regulation) Act, 1986 in child welfare.
   शिशु बाल कल्याण में बाल श्रम प्रतिमेध एवं विनिमय अधिनियम, 1986 के योगदान का मूल्याकंन कीजिये।
8. Explain the benefits of maternity Benefit Act, 1961 to the woman workers in India.
   प्रसूति हित लाभ अधिनियम, 1961 के अंतर्गत भारत में महिला श्रमिकों को होने वाले लाभ की व्याख्या कीजिये।
9. Critically examine the influence of International Labour Organisation on Labour Legislation in India.
   भारत में श्रम विधान पर अंतर्राष्ट्रीय श्रम संगठन के प्रभाव की आलोचनात्मक समीक्षा कीजिये।

10. Write short notes on any two of the following :
निम्नलिखित में से किन्हीं दो पर संक्षिप्त टिप्पणियां लिखिये:
   (a) Kinds of Labour Legislation
   श्रम विधान के प्रकार
   (b) Composition of (I.L.O) International Labour Organisation
   अंतर्राष्ट्रीय श्रम संगठन (आई.एल.ओ.) का गठन
   (c) Labour Administration in Bihar
   बिहार में श्रम प्रशासन
   (d) Provisions relating to Labour in Indian Constitution
   भारतीय संविधान में श्रम संबंधी उपबंध।

39th C.C. B.P.S.C. Main Exam - 1993

श्रम एवं समाज कल्याण / Labour & Social Welfare - II

Time Allowed: Three Hours] **[Maximum Marks: 200**

*Answer any **five** questions.*

1. Discuss important aspects of Industrial Relations in India.
   भारत में औद्योगिक संबंधों के प्रमुख पक्षों की व्याख्या कीजिये।

2. Discuss the need and importance of 'Workers Participation in Management' programme in India.
   भारतवर्ष में औद्योगिक प्रबंध में श्रमिकों की भागीदारी की आवश्यकता और महत्व पर प्रकाश डालिए।

3. Define Strike, When is the strike illegal?
   हड़ताल की व्याख्या कीजिये। हड़ताल किस स्थिति में अवैधानिक है?

4. Discuss the main features of the Indian Trade Union Act, 1926.
   भारतीय श्रम संगठन अधिनियम, 1926 के प्रमुख प्रावधानों की व्याख्या कीजिये।

5. Discuss the meaning and scope of social security in India.
   भारतवर्ष में सामाजिक सुरक्षा का अर्थ तथा क्षेत्र की व्याख्या कीजिये।

6. Define poverty and discuss in detail one important antipoverty programme in India.
   गरीबी की परिभाषा दीजिये और भारत में किसी एक गरीबी उन्मूलन के प्रमुख कार्यक्रमों की व्याख्या कीजिये।

7. What are the causes of prostitution in India. Discuss some of the important measures for eradication of prostitution.
   भारत में वेश्यावृत्ति के क्या कारण है? वेश्यावृत्ति उन्मूलन के कुछ प्रमुख कार्यक्रमों की व्याख्या कीजिये।

8. Who are the Scheduled Castes? Describe the measures taken for the welfare of scheduled castes in Bihar.
   अनुसूचित जातियाँ कौन सी है? अनुसूचित जातियों के कल्याण हेतु किये गये उपक्रमों की व्याख्या कीजिये।

9. "Prohibition in unrealistic and Impractical." Discuss.
   "नशाबंदी अव्यवहारिक है" व्याख्या कीजिये।

10. Write short notes on any two of the following :
निम्नलिखित में से किन्हीं दो पर संक्षिप्त टिप्पणियाँ लिखिये:
   (a) Status of Women in India
   भारत में महिलाओं की स्थिति
   (b) Problem of Girl Child in India
   भारत में गर्ल चाइल्ड की समस्या
   (c) Status of Scheduled Tribes in Bihar
   बिहार में नुसूचित जनजातियों की स्थिति

Space For Notes

Space For Notes

Space For Notes

Space For Notes